Bisher in der Reihe *Emotionale Entwicklung für Kinder ab 5* erschienen:

Ich und meine Gefühle
Wohin mit meiner Wut?
Manchmal gibt es einfach Streit
Zum Glück gibt es Geschwister!
Was mach ich nur mit meiner Trauer?
Mein erstes Buch der Gefühle – Von Wut, Streit und Gummibärchen
Was, wenn Eltern auseinandergehen?
Wie ist das mit dem Ärgern?
Vom Kranksein und Gesundbleiben
Ich mache alles mit links!

Bisher in der Reihe *Aufklärung für Kinder ab 5* erschienen:

War ich auch in Mamas Bauch?
Mein erstes Aufklärungsbuch

Bisher in der Reihe *Schutz vor Missbrauch für Kinder ab 5* erschienen:

Mein Körper gehört mir!

Bisher in der Reihe *Emotionale Entwicklung für Grundschulkinder* erschienen:

Kein Stress mit dem Stress!

FSC
www.fsc.org
MIX
Papier aus verantwortungsvollen Quellen
FSC® C109273

ISBN 978-3-7432-1227-5
1. Auflage 2022

Dieses Werk wurde vermittelt durch die Michael Meller Literary Agency GmbH, München
Umschlag- und Innenillustrationen: Nikolai Renger
Umschlaggestaltung: Elke Kohlmann
Printed in the EU

www.loewe-verlag.de

Dagmar Geisler

Kein Stress mit dem Stress!

Illustrationen von Nikolai Renger

Loewe

STRESS-STRESS-STRESS-S

Inhalt

Stress für Kalle 8

Die Blubberbrausen-Verschwörung 13

Es geht um die Wurst 19

Die Liste 21

Und wer ist jetzt schuld? 25

Das wollen wir wissen 30

Beratungsstellen 43

Nachwort 44

Stress für Kalle

Kalle hält den Atem an. Er will eigentlich nicht lauschen, aber er kann auch nicht weghören.

Das sind die Stimmen von Hanna und Jo. Sie haben sich im Gebüsch neben der Turnhalle versteckt. Kalle wollte bloß den Ball suchen, den Mila zum tausendsten Mal ins Aus geschossen hat.

„Wir müssen etwas unternehmen“, sagt Hanna mit düsterer Stimme. Und Jo sagt genauso düster: „Ja, der macht sonst noch alles kaputt.“

Kalle zuckt zusammen. Reden die etwa von ihm?

Es stimmt. Er war es, der Hannas Trinkflasche kaputt gemacht hat. Die schöne mit den goldenen Delfinen. Aber das war doch keine Absicht! Und entschuldigt hat er sich auch.

„Wir machen ihn fertig“, zischt Hanna.
Kalle schluckt.

„Aber wie wollen wir das anstellen?“, fragt Jo.
„Erst mal schreiben wir alles auf, was wir über ihn wissen. Dann sehen wir weiter“, sagt Hanna grimmig.
„Gut“, sagt Jo. „Treffpunkt in eurem Garten. Heute Nachmittag um drei.“

In Kalles Nase kitzelt es.
Jetzt bloß nicht niesen.
Ganz leise robbt er rückwärts.

„Wo bleibst du denn?“, ruft Mila.
Sie hat den Ball längst woanders gefunden.
Das Spiel geht weiter.

„Was ist denn mit dir los?“, fragt Mila.
Denn jetzt ist es Kalle, der den Ball immer wieder ins Aus schießt.

Die Blubberbrausen-Verschwörung

Der Garten von Hannas Familie ist in einer Kleingartensiedlung. Kalle weiß, wo das ist, er war schon öfter dort. Zuletzt bei Hannas Geburtstagsfest. Das war im Frühling.

Jetzt sieht alles ganz anders aus. Überall wachsen riesige Pflanzen und Kürbisse. Und waren da schon immer so viele Wege? Welcher führt denn nun zu Hannas Garten?

Es dauert eine Weile, bis er sich in diesem Labyrinth zurechtfindet. Aber jetzt erkennt er alles wieder: Das knallblaue Gartenhaus. Die Vorhänge mit den Punkten an den Fenstern. Den Baum mit der Schaukel und die rosa Hundehütte.
Der Hund ist auch da. Er heißt Butcher, und so sieht er auch aus. Butcher ist ein englisches Wort und bedeutet Metzger.

Aber Kalle hat keine Angst. Schließlich will er rauskriegen, was die beiden über ihn wissen. Etwa, dass sein Onkel gar nicht in der Bundesliga spielt, sondern bloß in der Kreisliga von Klein-Tettenheim?

2

Butcher liegt faul in der Sonne, zuckt nur ab und zu mit einem Schlappohr.
Die beiden im Gartenhaus denken bestimmt, dass er bellt, wenn jemand kommt.

Aber welcher Hund bellt, wenn er feinste Bio-Fleischwurst verputzen darf? Die hat Kalle daheim aus dem Kühlschrank gemopst. Einen ganzen Ring mit Knoblauch und Majoran. Butcher ist auch echt beeindruckt und lässt Kalle vorbeischleichen, ohne zu mucksen. Schnell huscht Kalle hinter das Haus.

Dort wird eine Menge Gerümpel aufbewahrt. Das ist gut. Da kann er leicht ein Versteck finden, falls plötzlich jemand kommt.

An der Rückseite der Hütte ist ein großes Fenster. Es steht einen Spaltbreit offen. „Perfekt!", denkt Kalle. So kann er alles hören, was die da drin reden.

Vorsichtig späht er hinein. Die beiden sitzen am Tisch und trinken knallrosa Blubberbrause.

„Also“, sagt Hanna gerade. „Das meiste haben wir, oder fällt dir noch was ein?“ Sie tippt mit ihrem Stift aufs Blatt. Jo schüttelt den Kopf und schlürft laut durch seinen Strohhalm. Dann sagt er: „Lies mal vor!“

Kalle rückt noch ein bisschen näher ans Fenster. Super! Da ist er gerade rechtzeitig gekommen.

Es geht um die Wurst

WAWAWAWAWAUUUUUU!

Das ist Butcher. Oh Mann, kann der laut bellen. Ein richtiges Wutgeheul. Hanna und Jo springen erschrocken auf. Dabei kippt ein Stuhl um und rosa Blubber spritzt quer durch den Raum.

Die beiden laufen zur Vordertür raus und dann hinter Butcher her. Der rennt laut bellend aus dem Garten raus und verfolgt ein schwarzes Fellknäuel mit Ohren. Mist! Das Biest hat die Wurst geklaut.

Aber jetzt sieht Kalle seine Chance. Er stößt das Fenster ganz auf, springt in die Hütte, schnappt sich die Liste und ist schnell wie der Blitz wieder draußen. Gut gemacht, Butcher!

Die Liste

Am liebsten würde Kalle jetzt wieder von hier verschwinden. Aber was, wenn er dabei den anderen in die Arme läuft? Besser, er versteckt sich erst mal in der riesigen Plastikmuschel, die mal ein Sandkasten war. Sand ist da jetzt nicht mehr drin, nur jede Menge altes Spielzeug.

Kalle klemmt ein altes Förmchen unter den Deckel, damit er genug Luft bekommt. Mit der Luft kommt auch ein bisschen Licht herein. Genug, um zu lesen, was die beiden über ihn aufgeschrieben haben.

Er macht einen völlig fertig!

Echt jetzt?

Wegen ihm gibt es ständig Zoff!

Das wüsste er aber.

Er schlägt einem auf den Magen!

Gelogen!

Er frisst Leute!

Die spinnen ja komplett. Kalle schnappt nach Luft.
Und hier. Das wird ja immer schöner.

Wegen ihm kann Papa nachts nicht schlafen.

Er ist schuld an Mamas Kopfweh. Er ist schuld, dass unser Hausmeister ins Krankenhaus musste.

Mit Blaulicht und Tatütata!

„Pah!“, ruft Kalle und hält sich erschrocken den Mund zu. Das war zu laut. Hoffentlich hat ihn niemand ... Zu spät. Wusch! Der Deckel der Muschel fliegt in die Höhe. „Was machst du denn hier?“, ruft Hanna. Und ein schwarzes wolliges Etwas fliegt Kalle mitten ins Gesicht.

WÄWÄWÄWÄWÄ, kläfft es.

Und WAWAWAWA bellt Butcher.

Und wer ist jetzt schuld?

Es hat eine ganze Weile gedauert, bis Kalle sich aus der Muschel befreit hat. Jo hat ihm ein Pflaster auf die zerschrammte Wange geklebt. Und Hanna ist extra zur Pumpe gelaufen, damit Kalle auf den Schreck ein Glas Wasser trinken kann.

Und dann hat es noch eine Weile gedauert, bis die beiden die ganze Geschichte aus ihm herausgequetscht hatten.

„Hä?“, macht Jo jetzt. „Du glaubst echt, wir haben das wegen dir aufgeschrieben?“, fragt er und deutet auf den verknautschten Zettel in Kalles Hand.

„Nicht?“, fragt Kalle. Er kommt sich ziemlich blöd vor. „Ihr habt doch gesagt: Den machen wir fertig! Und ich dachte ...“
„Im Ernst?“ Hanna kriegt einen Lachanfall.
Jo japst kichernd nach Luft. „Nee“, sagt er.
„Du hast zwar einen an der Waffel, aber fertigmachen wollen wir dich nicht.“
Freundschaftlich boxt er Kalle in die Seite.

„Oh Mann“, seufzt Hanna und hält sich den Bauch. „So schön war meine Trinkflasche auch wieder nicht.“

Und dann erklären die beiden, wen sie wirklich fertigmachen wollen.

Den Stress.

-STRESS-STRESS-STRESS-STR

„Den Stress?“, fragt Kalle.

„Ja“, erklärt Hannah. „Uns reicht es nämlich. Überall hat der seine Finger drin. Als der Hausmeister abgeholt wurde, hat Frau Schwan gesagt:

Der Stress ist schuld.

Und wenn Mama ihre schlimmen Kopfschmerzen kriegt, sagt sie:

Dieser Stress frisst mich noch auf.“

„Mein Papa kann wegen ihm manchmal nicht schlafen und dann hat er schlechte Laune. Und Tante Rosie sagt:

Der Stress schlägt mir auf den Magen“,

erzählt Jo.

„Und gestern haben wir in den Nachrichten gehört:

Der Stress macht auch
vor unseren Kindern nicht halt“,

sagt Hanna. „Wir müssen etwas unternehmen!“

„Und was?“, fragt Kalle.
„Keine Ahnung“, sagt Hanna und seufzt.
„Wir wissen ja nicht mal, wo wir ihn finden können.“
„Oder was er eigentlich ist“, sagt Jo.

Das wollen wir wissen

Was ist eigentlich Stress?

Hanna, Jo und Kalle sind Stressforscher geworden. Und Mila ist jetzt auch mit dabei.

Als Erstes haben sie Strichlisten gemacht. Jedes Mal, wenn das Wort Stress aufgetaucht ist, haben sie einen Strich gemacht.

ERGEBNIS:
Erwachsene sagen das Wort Stress ziemlich oft.

Sie haben auch die Sätze aufgeschrieben, in denen das Wort vorkommt.

ERGEBNIS:
Angeblich ist der Stress an ganz vielen Sachen schuld. Sogar daran, dass Frau Gärtners Mops neuerdings aussieht wie eine Presswurst.

Als Zweites haben sie jemanden gesucht, der sich auskennt. Dabei sind sie auf Milas Tante Jutta gekommen. Sie ist Therapeutin und hilft Leuten, damit sie vom Stress nicht krank werden.

ERGEBNIS:

1. Stress gibt es wirklich.
2. Sehen kann man ihn nicht.
3. Stress ist ein Zustand im Körper.
4. Er entsteht, wenn man zu viel zu tun hat oder wenn etwas Besonderes los ist. Eine Aufregung zum Beispiel oder ein Streit, den man nicht lösen kann.
5. Der Körper stellt sich dann darauf ein, dass er jetzt schnell richtig viel leisten muss. Außerdem muss er wachsamer sein als sonst.
6. Bei Stress ist der Körper in Alarmbereitschaft:
   - Das Herz schlägt schneller.
   - Der Atem geht schneller.
   - Das Blut fließt schneller durch die Adern.
   - Manche bekommen einen roten Kopf.

Das ist eigentlich ganz normal.

Wenn Stress ganz normal ist, warum sagen die Leute dann, er mache krank?

Normalerweise macht Stress nicht krank.
Er gehört zum Leben dazu.
Aber wenn man zu viel davon hat, ist es nicht mehr gesund.
Das ist bei vielen anderen Sachen auch so.
Schokolade und Gummibärchen machen auch krank,
wenn man dauernd zu viel davon isst.

Stress ist ein Zustand für Ausnahmesituationen.
Wenn man ihn zu oft hat, ist es nicht gesund.

Gibt es auch guten Stress?

Den gibt es.
Bei so was kommt der
Körper ganz schön in Stress.
Das macht gar nichts.
Das ist alles schnell wieder vorbei.
Und nach der Anspannung kommt
die Entspannung.
Das mag der Körper, und der Geist
mag das auch.

Wie merkt man eigentlich, dass man Stress hat?

Die vier Forscher haben dazu eine Umfrage gemacht und haben eine Menge unterschiedlicher Antworten bekommen:

Ich kann mich nicht konzentrieren.
Kann sein, dass ich jemanden anbrülle, der mir gar nichts getan hat.
Ich denke an alles Mögliche, aber nicht an das, was ich tun will.
Ich hole mir was zu essen, obwohl ich gar keinen Hunger habe.
Mein Bauch wird ganz hart.
Ich habe Angst, dass ich nie mehr fertig werde.

Und woran kann man erkennen, dass der Stress schädlich wird?

Diese Frage haben die vier wieder mit Milas Tante Jutta besprochen. Denn damit kennt sie sich am besten aus.

- Wenn man das Gefühl hat, man dürfe keine Pause machen, weil man sonst seine Arbeit nicht schafft.
- Wenn man noch vor dem Einschlafen an die Sachen denkt, die unbedingt fertig werden sollen.
- Wenn man deswegen schlecht schläft und immer wieder aufwacht.
- Wenn man vor lauter Stress irgendwelche Sachen isst, obwohl man gar keinen Hunger hat. Oder wenn man das Essen und Trinken vergisst.
- Wenn man vor lauter Stress nicht mehr merkt, ob man zum Beispiel Kopfweh hat oder ob der Rücken zwickt.
- Es schadet der Gesundheit, wenn der stressige Zustand einfach nicht mehr aufhört.

Was können wir tun, damit der Stress uns nicht schadet?

Diese Frage wollen Kalle, Mila und Hannah erst mal für sich beantworten. Sie schauen sich die Informationen, die sie zu dem Thema gesammelt haben, noch einmal genau an und machen sich ihre eigenen Gedanken dazu.

An einem Nachmittag in Hannahs Gartenhaus fügen sie alle Ideen zu einer Liste zusammen.

Die Anti-Stress-Liste

- Wir vergessen nie, dass zu jeder Arbeit auch Pausen gehören. In den Pausen machen wir etwas, das sich anders anfühlt als die Arbeit. Wenn wir im Sitzen arbeiten, ist die Pause eine Gelegenheit für Bewegung. Ein Tänzchen vielleicht oder ein bisschen Gerenne, ein Fußballspiel oder eine Runde mit Butcher um den Block.

- Bewegung, die Spaß macht, ist ein super Mittel gegen den Stress. Frische Luft übrigens auch.

- Wir schieben die Hausaufgaben nicht bis zum letzten Moment auf. Sonst haben wie nämlich keine Chance mehr, Pausen zu machen.

- Wenn wir müde sind, ruhen wir uns erst mal aus und verdaddeln die Zeit nicht mit Fernsehen oder Computerspielen. Das strengt nämlich an, ohne dass man es gleich merkt.

- Wenn uns trotzdem alles zu viel wird, sagen wir das. Vielleicht gibt es eine Lösung. Kein Mensch kann alles schaffen.

- Wenn der Stress daher kommt, dass wir mit jemandem in Streit sind oder vor jemandem Angst haben, versuchen wir, das zu klären. Wir können uns auch Hilfe holen.

- Egal was zu tun ist, es muss immer Zeit zum Spielen geben. Oder zum Einfach-nur-Dasitzen.

- Wir brauchen jede Menge gute Witze. Lachen ist gut gegen Stress.

Die Liste zeigen sie Tante Jutta. Sie findet die gesammelten Ideen prima. Und sie hat noch einen Tipp, der in stressigen Situationen sofort hilft:

Ein- und Ausatmen.

„Macht man das nicht sowieso immer?“, fragt Kalle.

„Schon“, sagt Tante Jutta, „aber das geht ja ganz automatisch.“

Und dann zeigt sie, wie man den Stress wegatmen kann. Das geht immer, auch wenn keine Zeit für eine echte Pause ist. Zum Beispiel, wenn man in der Schule einen Test schreibt.

Setze oder stelle dich gerade hin.
Lege die Hände locker auf den Bauch, am besten direkt unterhalb der Rippen. Schließe die Augen und atme tief ein und gaaanz langsam wieder aus. So lange, bis alle Luft wieder draußen ist.
Denke dabei an nichts anderes als daran, wie die frische Luft in deinen Körper strömt und wie dich die verbrauchte Luft wieder verlässt.
Spüre, wie der Bauch sich dabei hebt und senkt. Ist die Luft, die du einatmest, kühler als die, die du ausatmest?
Mit jedem Atemzug kommt frische Energie in deinen Körper.

Wenn wir das alles beachten,
hat der Stress keine Chance.
Er wird kleiner und kleiner.
Wau!, macht Butcher.
„Und was erforschen wir
als Nächstes?“, fragt Kalle.

Beratungsstellen

Hier gibt es Hilfe:

Bei der Hausärztin oder dem Hausarzt

Beim Schulsozialdienst

Bei den Schulpsychologen

Bei allen Familienberatungsstellen in eurer Nähe

Deutschland

Nummer gegen Kummer e.V.
Hofkamp 108
42103 Wuppertal
Kinder- und Jugendtelefon: 116 111
E-Mail: *info@nummergegenkummer.de*
www.nummergegenkummer.de

Schweiz

Pro Juventute
Thurgauerstraße 39
8050 Zürich
Kindernotruf: 147
E-Mail: *beratung@147.ch*
www.147.ch

Österreich

Rat auf Draht
Vivenotgasse 3
1120 Wien
Kinder- und Jugendtelefon: 147
www.rataufdraht.at

Nachwort

Stress war früher etwas, das nur Erwachsene anging. Dachte man zumindest. Inzwischen ist längst jedem klar, wie sehr auch Kinder unter den Folgen von Stress leiden können. Dabei gehört ein gewisses Maß davon zum Leben dazu. Es gibt durchaus positiven Stress. Aber zu viel davon ist nicht gesund, weder für den Körper noch für die Seele.

„Abwechslung" ist in dem Zusammenhang das Zauberwort. Abwechslung zwischen:

* Anspannung und Entspannung,
* Konzentration und Zerstreuung,
* Stillsitzen und Bewegung,
* Einatmen und Ausatmen.

Wer das beachtet, ist auf einem guten Weg. Trotzdem gibt es äußere Umstände, die uns so sehr zusetzen, dass wir den negativen Stress nicht mehr loswerden. Dann ist es Zeit, sich helfen zu lassen. Je eher, desto besser.

Dagmar Geisler

Dagmar Geisler hat schon mehrere Elterngenerationen dabei unterstützt, ihre Kinder in emotional schwierigen Situationen zu begleiten. Mit ihrer Reihe „Emotionale Entwicklung für Grundschulkinder" behandelt die Autorin sensibel die wichtigsten Themen rund ums Großwerden: vom Körperbewusstsein über die Erkundung der eigenen Gefühlswelt bis hin zur sozialen Interaktion. Zu ihren Arbeiten gehört auch immer eine Portion Humor. Auch wenn es ernst wird – und dann erst recht.

Ihre Bücher wurden in 20 Sprachen übersetzt und erscheinen unter anderem auch in den USA.

Nikolai Renger ist in Karlsruhe geboren und studierte Visuelle Kommunikation an der HFG in Pforzheim. Er ist als freiberuflicher Illustrator für verschiedene Verlage und Agenturen tätig und arbeitet seit 2013 im Atelier Remise in Karlsruhe.